das Laufrad

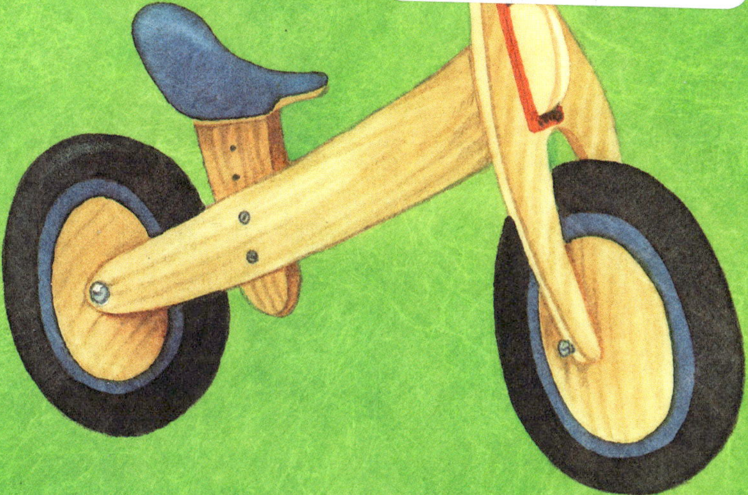

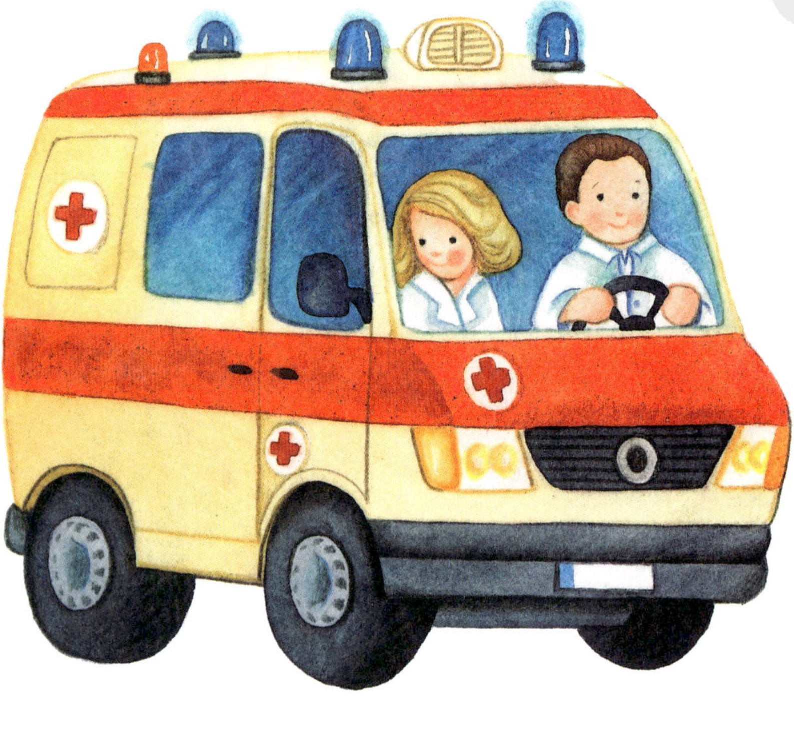

der Krankenwagen

das Polizeiauto

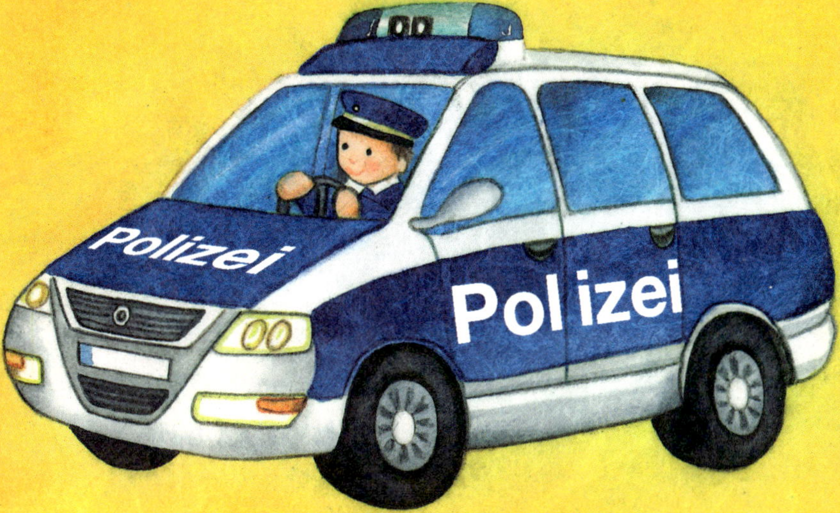

das Müllauto

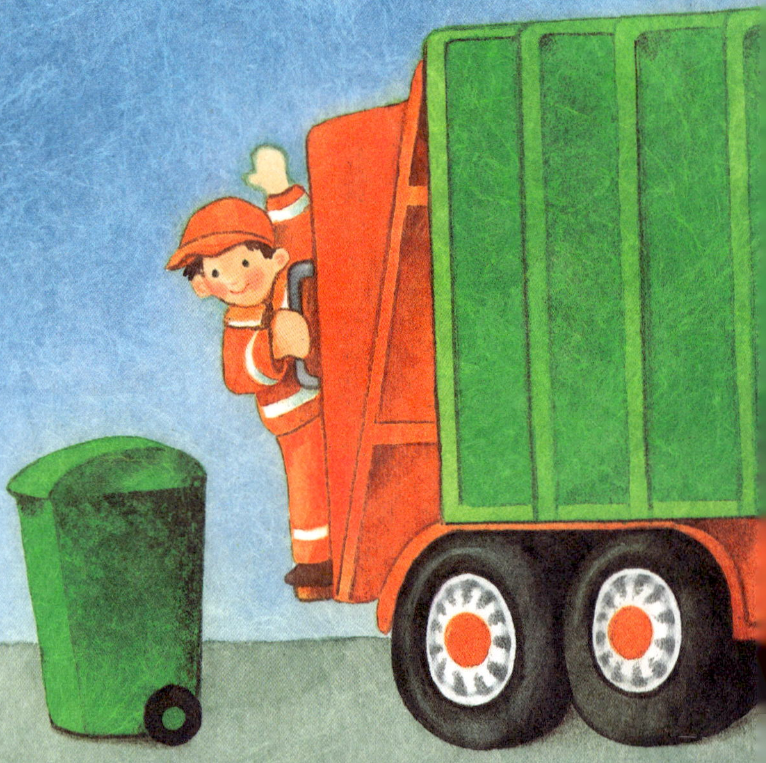

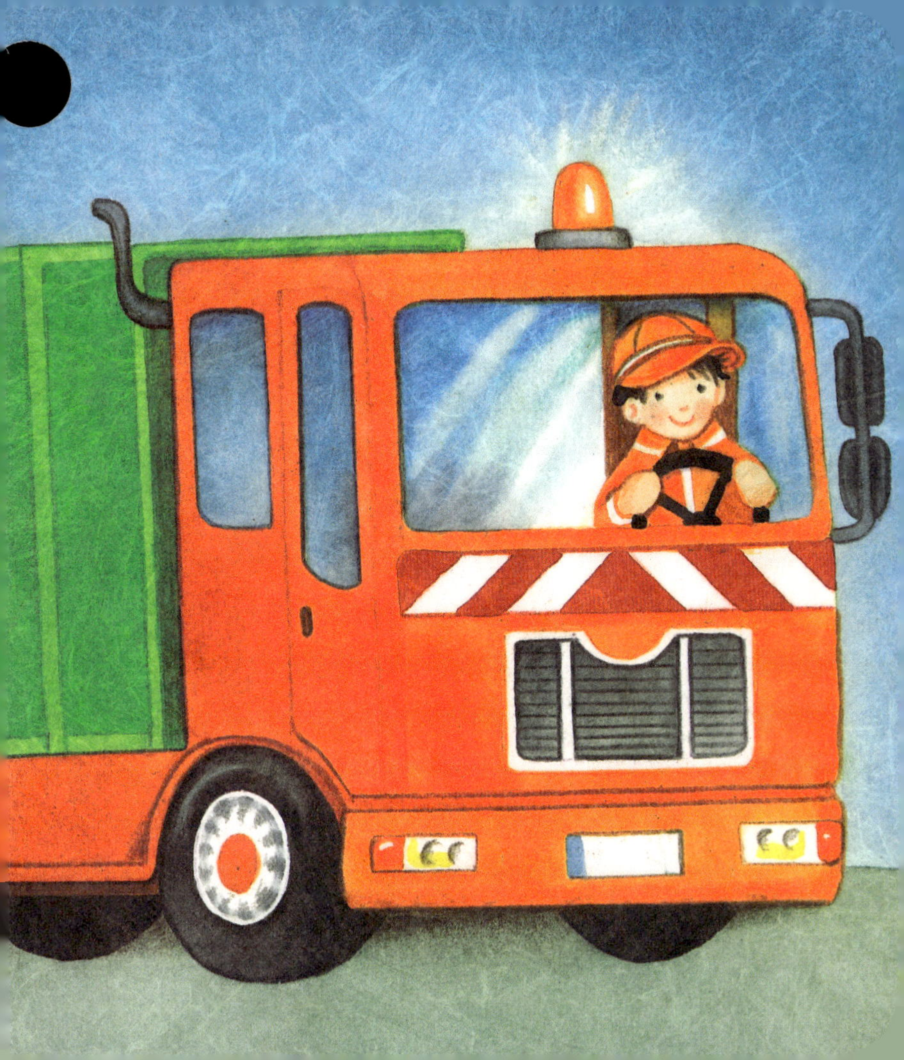

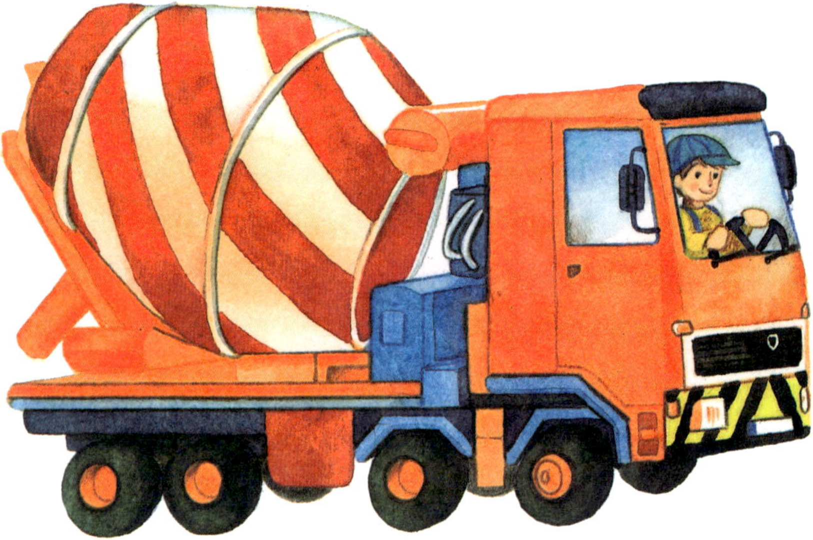

der Betonmischer

der Bagger

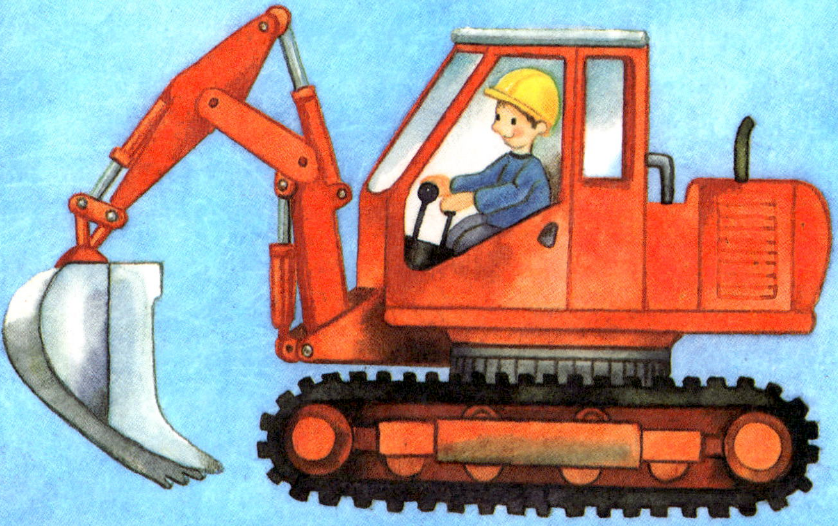

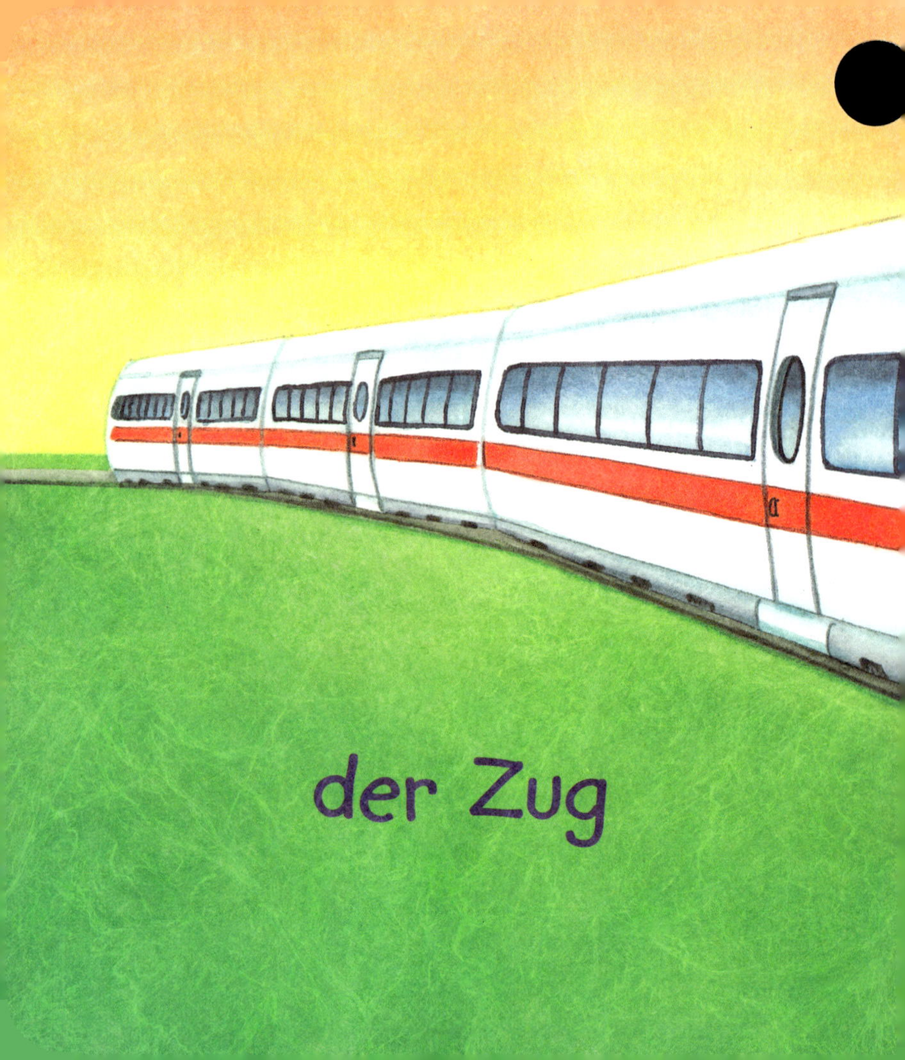

der Zug

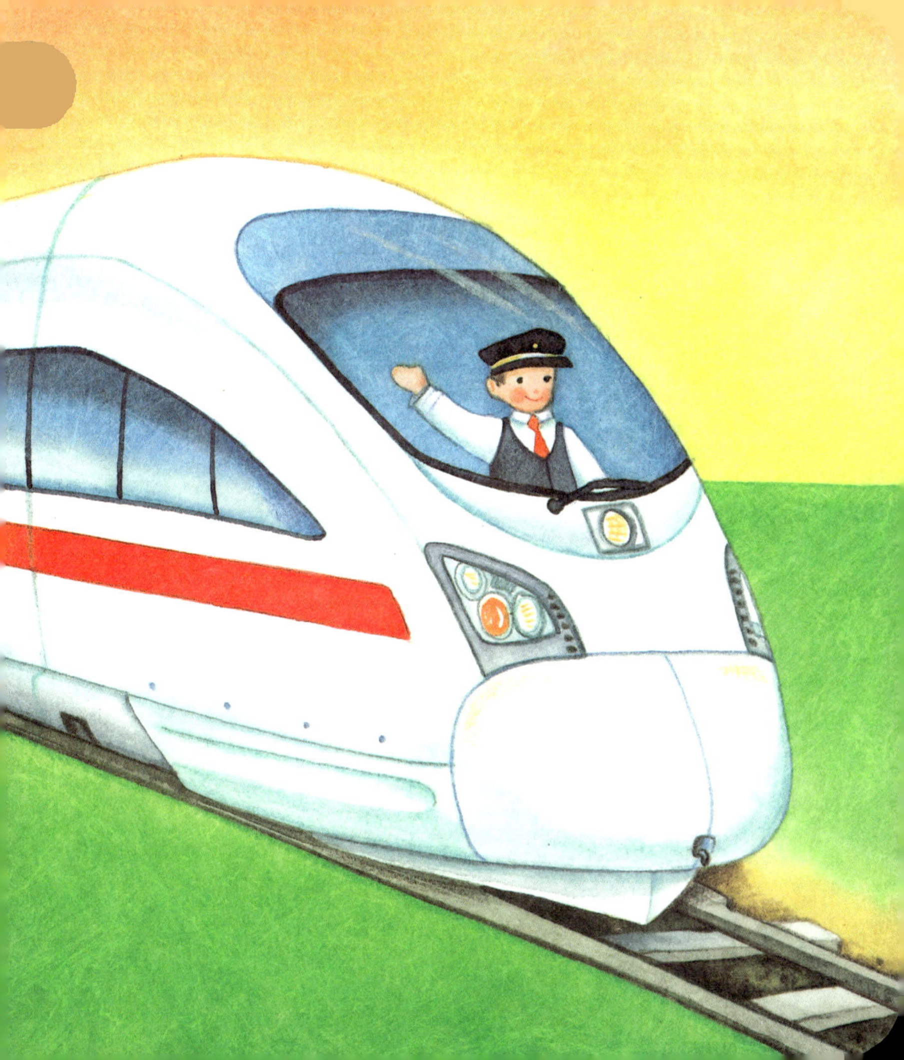

das Flugzeug

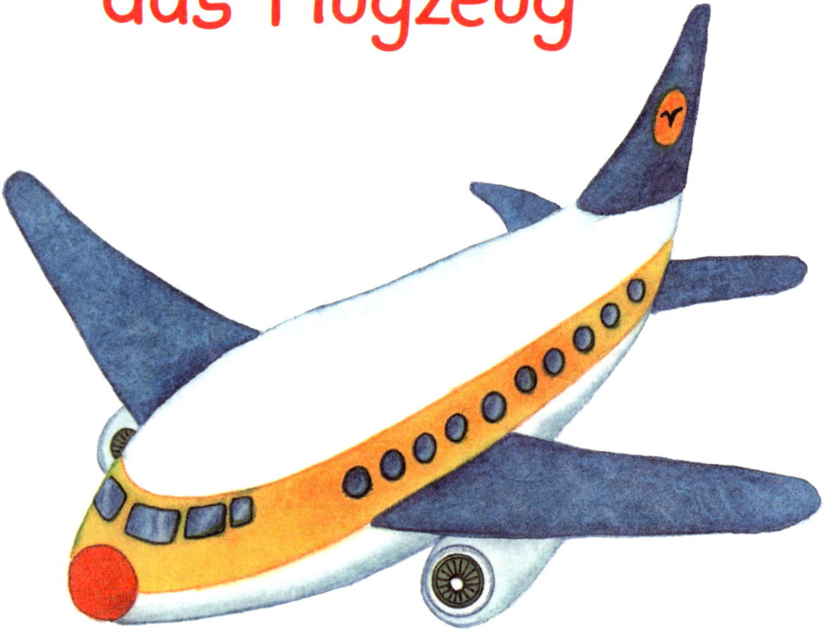

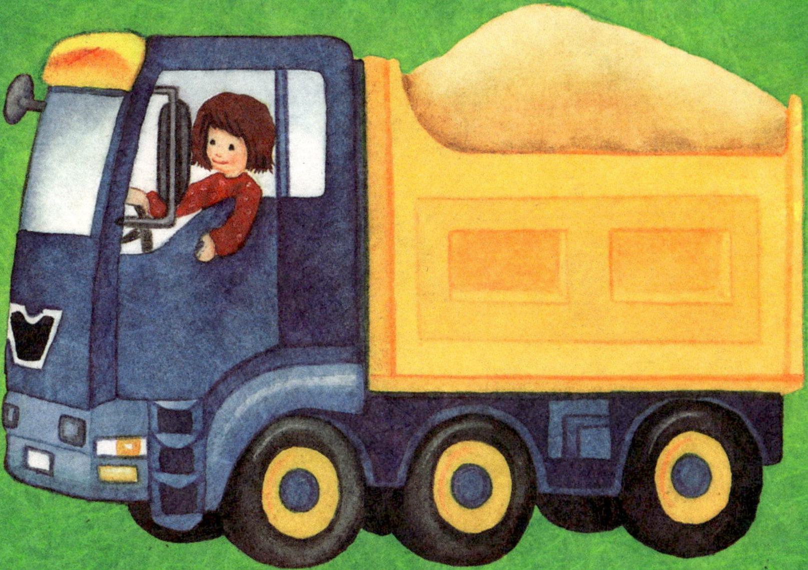

der Kipplaster

der Anhänger

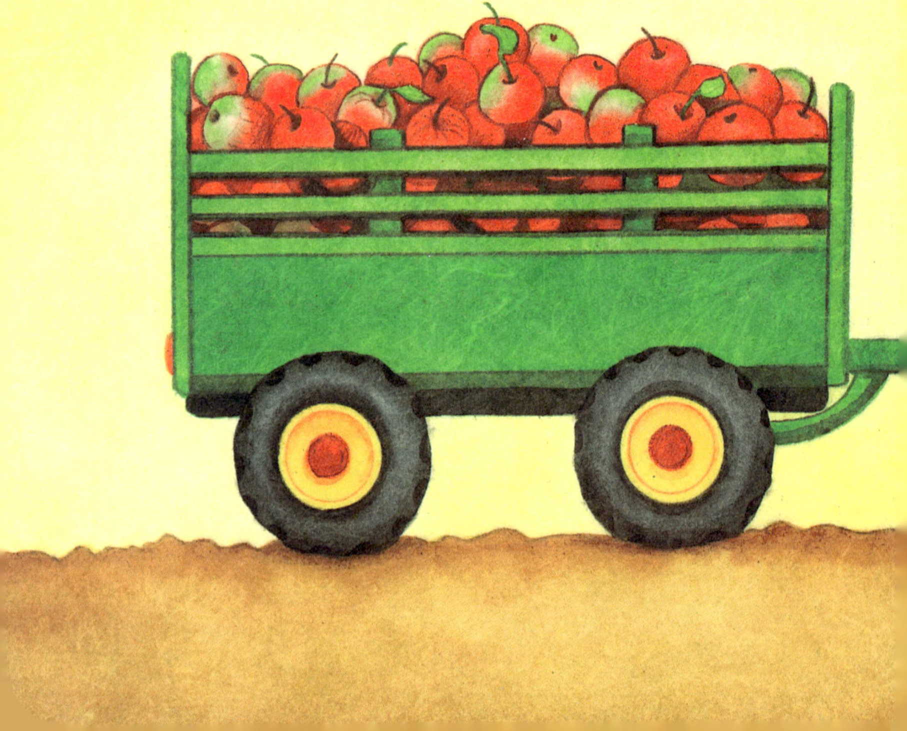